Helen Keller
UN ÊTRE EXCEPTIONNEL

Helen Keller

UN ÊTRE EXCEPTIONNEL

Francene Sabin et Joanne Mattern
Illustrations de Jean Meyer

Texte français de Claudine Azoulay

Éditions
SCHOLASTIC

Catalogage avant publication de Bibliothèque et Archives Canada

Sabin, Francene

Helen Keller : un être exceptionnel / Francene Sabin et Joanne Mattern;
illustrations de Jean Meyer; texte français de Claudine Azoulay.

Traduction de : Helen Keller, girl of courage.
ISBN-13 : 978-0-439-94782-4
ISBN-10 : 0-439-94782-0

1. Keller, Helen, 1880-1968--Ouvrages pour la jeunesse.
2. Sourdes-aveugles--États-Unis--Biographies--Ouvrages pour la jeunesse.
I. Mattern, Joanne, 1963- II. Meyer, Jean III. Azoulay, Claudine IV. Titre.

HV1624.K4S3314 2007   j362.4'1092   C2006-906083-5

Édition publiée par les Éditions Scholastic,
604, rue King Ouest, Toronto (Ontario) M5V 1E1.

5 4 3 2 1   Imprimé au Canada   07 08 09 10

TABLE DES MATIÈRES

CHAPITRE 1
Une terrible maladie

Un doux parfum de chèvrefeuille flotte dans l'air. Le soleil est chaud. Une mésange à tête noire sautille sur une branche en chantant. Une fillette blonde, tout juste âgée d'un an, est assise sur une couverture posée sur l'herbe et observe l'oiseau. Le chant aigu et joyeux de l'animal la fait rire. Elle baisse les yeux vers la poupée qu'elle a sur les genoux. Elle aime beaucoup les cheveux en laine orange et les boutons qui forment les yeux de son jouet.

— Helen, viens voir maman, ma chérie.

La fillette tourne la tête et voit sa mère debout près d'elle, les bras tendus.

— Ma-ma, ma-ma, babille la fillette.

Un sourire radieux sur le visage, Helen se lève et trottine jusque dans les bras de sa mère.

— Joyeux anniversaire! dit Mme Keller. Tu as un an aujourd'hui! Viens voir les cadeaux que les gens t'ont apportés.

Les cadeaux sont joliment enveloppés dans du papier brillant, mais Helen n'a d'yeux que pour une chose : le gâteau. Il est décoré avec du glaçage blanc et des roses en sucre rose, garnies de feuilles vertes. Et puis, surtout, il a une toute petite bougie en son centre. La flamme danse et scintille. La fillette glousse de plaisir.

Mais de toute sa vie, Helen Keller ne pourra plus jamais voir une bougie d'anniversaire ni entendre sa famille lui chanter « Joyeux anniversaire! » À l'âge de 19 mois, elle est frappée d'une terrible maladie. Pendant des jours, elle est minée par une forte fièvre. Les médecins ne peuvent rien faire pour l'aider. On est en hiver, en 1882, une époque où les médecins ne savent pas tout ce qu'ils sauront plus tard. Ils ne peuvent pas encore compter sur les médicaments spéciaux appelés antibiotiques, qu'on utilisera longtemps après pour soigner de nombreuses

maladies. La seule chose qu'ils peuvent faire pour aider Helen, c'est d'assurer son confort et de prier pour qu'elle guérisse.

La fièvre disparaît enfin. Ses parents sont très heureux, mais leur joie est de courte durée. Dès le lendemain, Mme Keller remarque une chose étrange. Quand elle passe sa main devant les yeux de sa fille, l'enfant ne cille pas. Mme Keller a l'impression qu'Helen ne voit pas sa main.

Quelques jours plus tard, Mme Keller remarque autre chose. Quand elle appelle Helen, celle-ci ne répond pas. Mme Keller s'approche de la fillette et crie dans son oreille, mais Helen ne réagit pas. Sa mère tape des mains et fait beaucoup de bruit, mais Helen reste immobile. Un médecin confirme, par la suite, ce que Mme Keller sait déjà : la fièvre d'Helen l'a laissée complètement aveugle et sourde.

Au début, M. et Mme Keller espèrent que leur cauchemar prendra fin. M. Keller reste souvent debout à côté de sa fille et tape des mains, mais Helen ne se tourne pas en direction du bruit. Mme Keller place une lampe à huile devant sa fille, mais Helen ne se tourne pas en direction de la lumière.

Les parents d'Helen sont bouleversés. Les personnes sourdes et aveugles qui vivent à cette époque ont un avenir très limité. Beaucoup d'entre elles sont envoyées dans des institutions. Elles ne fréquentent pas l'école, n'ont pas d'emplois intéressants, ne vont pas aux fêtes et ne se marient pas. Les parents d'Helen ont rêvé d'un avenir brillant pour leur fille, mais voilà que, de toute évidence, elle n'aura pas de vie du tout. Mme Keller prend très mal la nouvelle. Elle écrira, un jour : « Quand j'ai eu 24 ans, la peur a remplacé la joie dans mon cœur et m'a laissée pour morte. »

Pendant les six années qui suivent, les Keller font tout leur possible pour aider Helen. Ils l'emmènent voir des médecins aux quatre coins du pays. Ils essaient toutes sortes de traitements. Rien ne donne de résultat. Finalement, ils acceptent le fait que leur fille sera sourde et aveugle pour toujours. Et puisque Helen est incapable d'entendre, ils savent déjà qu'elle ne pourra pas parler non plus.

Bien des gens disent aux Keller qu'ils devraient placer leur fille dans une institution, puisqu'elle n'aura jamais une vie normale. Mais les Keller refusent. Leur fille restera à la maison, avec eux.

Ils acceptent la triste réalité de la surdité et de la cécité de leur fille. Mais quand des amis leur disent qu'Helen est idiote, ils sont incapables de l'accepter. Ils savent qu'Helen est une enfant intelligente. Et ils gardent toujours l'espoir qu'un jour, elle parviendra à le prouver.

CHAPITRE 2
Joie et frustration

Les Keller font de leur mieux pour qu'Helen ait une vie heureuse et bien remplie. Ils lui donnent beaucoup d'amour et d'attention. Ils la laissent se promener librement autour de leur maison à Tuscumbia, en Alabama, aux États-Unis. Elle court dans les champs avec Belle, le setter de la famille. Elle monte le petit poney qui vit dans la grange, derrière la maison.

La fillette aime l'odeur des fleurs dans le jardin, celle du pain en train de cuire et aussi le parfum de sa mère. Elle aime le goût de la crème glacée et des biscuits tout chauds. Et elle aime sentir sous ses doigts l'écorce rugueuse d'un arbre et le pelage soyeux de Belle.

Elle a des moments de bonheur, semblables à de toutes petites îles posées au milieu d'un vaste océan. Mais la plupart du temps, la vie d'Helen est celle d'une personne qui se retrouverait seule dans une pièce silencieuse et noire.

Ses sentiments restent enfermés à l'intérieur d'elle-même. Elle ne peut exprimer ni son amour, ni sa colère, ni ses peurs.

Helen ne peut communiquer avec personne, et elle se sent frustrée. Elle sait qu'elle est différente des autres, mais elle est incapable de comprendre pourquoi. Quand elle sera plus âgée, Helen décrira ainsi sa confusion : « Parfois, je me trouvais entre deux personnes... et je touchais leurs lèvres. Je ne les comprenais pas et j'étais vexée. Je bougeais les lèvres et gesticulais en vain. Cela me mettait parfois dans une telle colère que je donnais des coups de pied et criais jusqu'à l'épuisement. »

À mesure qu'elle grandit et devient plus forte, les

colères d'Helen empirent. Elle brise la vaisselle. Elle prend la nourriture dans les assiettes des autres. Elle donne des coups de pied, frappe et griffe. Un jour, elle enferme sa mère dans le garde-manger pendant plusieurs heures. Un autre jour, elle poursuit sa grand-mère jusqu'au salon et la pince. Les parents d'Helen ne savent pas comment faire cesser ce comportement violent. Ils ont pitié de leur fille et n'ont pas le courage de la discipliner. Alors, ils la laissent faire tout ce qu'elle veut, ce qui signifie qu'Helen se comporte souvent comme une bête sauvage.

CHAPITRE 3
En quête de solutions

Lorsque sa fille a cinq ans, Mme Keller lit un article sur Laura Bridgman, une femme qui, elle aussi, est sourde et aveugle. On lui a appris à lire, à écrire et à « parler » à l'aide d'un alphabet manuel. Son professeur était le docteur Samuel Gridley Howe, de l'Institut Perkins pour les aveugles, à Boston, dans le Massachusetts.

L'histoire de Laura Bridgman donne aux Keller l'espoir qu'on peut faire quelque chose pour leur fille. Dès qu'ils le peuvent, ils emmènent Helen voir un ophtalmologiste à Baltimore, dans le Maryland. Après avoir examiné Helen, le spécialiste leur dit :

— Je suis désolé, mais son état ne s'améliorera

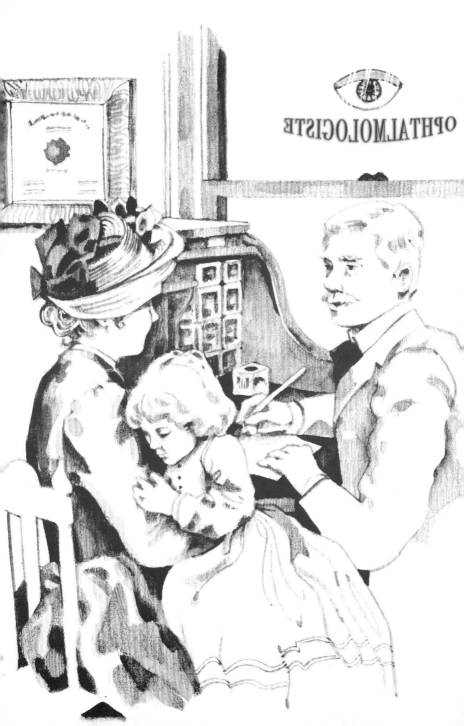

jamais. Elle pourrait quand même apprendre beaucoup de choses. Son esprit est tout à fait normal. Je peux vous faire une suggestion.

— Laquelle? demande Mme Keller. Nous sommes prêts à tout pour aider Helen.

— Vous devriez l'emmener à Washington, DC, pour y rencontrer M. Bell. Il a beaucoup appris aux personnes sourdes.

Les Keller prennent donc le train pour se rendre dans la capitale du pays et rencontrer Alexander Graham Bell. De nos jours, on associe principalement le nom de M. Bell à l'invention du téléphone. À l'époque d'Helen, on le connaît plutôt pour l'école qu'il a fondée, où l'on forme des professeurs pour éduquer les élèves sourds.

Les longs voyages en train, les hôtels étranges, les rencontres avec de nombreuses personnes inconnues, tout cela bouleverse et effraie Helen. Mais M. Bell est très doux. Il fait asseoir Helen sur ses genoux et pose les mains de la fillette sur son visage. Elle touche sa moustache pendante et sa grosse barbe. M. Bell place ensuite sa montre de poche en or sur la joue de la fillette. Elle perçoit le tic-tac régulier et hoche la tête en cadence.

Helen n'a pas peur de cet homme aimable, et elle reste tranquille pendant qu'il l'examine.

— Votre fille a l'esprit éveillé, et je suis certain qu'on peut lui apprendre à communiquer avec les autres, annonce-t-il enfin aux Keller.

Il suggère à M. Keller d'écrire une lettre à l'Institut Perkins, l'établissement où Laura Bridgman a appris l'alphabet manuel. Le directeur, Michael Anagnos, saura probablement trouver un professeur qui conviendra à Helen.

M. Keller envoie donc une lettre à l'institut et reçoit rapidement une réponse. M. Anagnos connaît une jeune femme qui fera une professeure et une compagne parfaites pour Helen. Cette personne se nomme Annie Sullivan.

Âgée de 20 ans, Annie vient d'obtenir un diplôme de l'Institut Perkins. Sa vue est faible, mais elle n'est pas aveugle. La jeune femme a besoin de travailler et est enchantée d'apprendre que les Keller lui verseront un salaire de 25 dollars par mois, et qu'elle sera aussi logée et nourrie. Sans hésiter, elle accepte l'emploi.

CHAPITRE 4
Professeur

Toutes les dispositions sont prises rapidement, et Annie Sullivan arrive à Tuscumbia le 3 mars 1887. Mme Keller l'attend à la gare, et les deux femmes reviennent à la maison en calèche.

Helen ne sait pas pourquoi il y a autant d'agitation chez elle. Mais quelque chose lui dit que cette journée sera très spéciale. Elle cherche sa mère, mais ne la trouve nulle part. Elle se poste donc sur le perron et attend.

Lorsque la calèche s'arrête devant la maison, Annie Sullivan voit Helen pour la première fois. La robe de la fillette est sale. Ses boucles châtain clair, qui n'ont pas été peignées, sont tout emmêlées. Helen se tient là, tendue et effrayée, comme un faon apeuré au milieu des bois.

M. Keller aide Annie à descendre de la calèche, puis la jeune femme monte les marches de bois qui mènent au perron. Helen peut sentir les vibrations que produisent les pas d'Annie; elle s'élance vers l'inconnue.

Annie l'arrête dans son élan avant que la charge brutale de la fillette ne les fasse tomber toutes les deux en bas de l'escalier.

Puis Annie s'agenouille et enlace Helen. Elle sourit tandis qu'Helen passe les doigts sur ses yeux, son nez, ses cheveux et son chapeau. Lorsque Helen a fini de « faire connaissance » avec l'inconnue, Annie lui prend la main et toutes deux entrent dans la maison.

Les premiers jours qu'elles passent ensemble ne sont pas des plus faciles. Le comportement sauvage

d'Helen ne plaît pas à Annie. L'enfant a le droit de se promener autour de la table pendant les repas, de mettre les doigts dans les assiettes de tout le monde et d'y prendre ce qu'elle veut. De plus, elle est très méchante avec Mildred, sa petite sœur, et avec la chienne, Belle. Elle ne laisse personne la peigner, ni lui laver le visage et les mains. Et elle se met dans une colère terrible chaque fois qu'on essaie de lui faire faire quelque chose qu'elle ne veut pas faire.

Annie comprend pourquoi Helen agit ainsi. Ses parents ne l'ont jamais forcée à suivre des règles. Ils ont tellement pitié de leur malheureuse fille qu'ils sont incapables de la punir, quoi qu'elle fasse.

Annie sait qu'elle doit dompter cette fillette indisciplinée. Il faut qu'Helen apprenne à vivre avec les autres. Tant qu'elle ne le fera pas, on ne pourra rien lui enseigner.

CHAPITRE 5
Des leçons difficiles

Annie tente d'abord de gagner la confiance d'Helen. Elle lui donne une poupée, offerte par des enfants de l'Institut Perkins.

Helen passe ses mains sur la poupée. Puis elle la serre très fort dans ses bras, en souriant. Quelques instants plus tard, Helen sent qu'Annie lui prend la main droite. Elle sent des doigts qui effleurent et tapotent sa paume. Puis le tapotement cesse. Elle sent de nouveau les mêmes effleurements et tapotements dans sa paume. Puis encore une fois. Helen n'y comprend rien.

C'est qu'Annie se sert d'un langage manuel spécial pour épeler le mot p-o-u-p-é-e dans la main d'Helen. Elle l'épelle plusieurs fois, mais Helen ne comprend pas ce qui se passe. Annie reprend alors la poupée des mains d'Helen. Elle a l'intention de la lui rendre après qu'Helen aura épelé le mot p-o-u-p-é-e. Mais Helen croit qu'Annie lui a pris sa poupée pour de bon. La fillette se jette par terre et se met à donner des coups de pied et à crier.

Annie craint d'avoir commis une terrible erreur. Elle descend en hâte dans la cuisine et demande à la cuisinière un morceau de gâteau. Puis elle remonte dans la pièce où se trouve Helen.

Annie pose la main d'Helen sur le morceau de

gâteau. Helen adore les gâteaux. Elle tente donc de saisir le morceau, mais Annie l'en empêche. D'une main, la jeune femme tient la main gauche d'Helen, de sorte qu'elle puisse à peine effleurer le gâteau. En même temps, elle épelle g-â-t-e-a-u dans la main droite d'Helen. Elle l'épelle encore et encore.

Helen se renfrogne et essaie de se dégager. Puis, tout à coup, elle s'arrête. Plaçant ses doigts dans la main d'Annie, elle épelle très lentement le mot g-â-t-e-a-u. La réponse rapide d'Helen réjouit Annie. Elle donne le morceau de gâteau à la fillette, qui le mange avec plaisir.

Aussitôt la dernière bouchée avalée, Helen sent qu'Annie guide sa main gauche vers la poupée. Helen veut cette poupée si douce. Elle tire donc la poupée vers elle, mais Annie ne la laisse pas la prendre. Helen pose alors ses doigts sur la main d'Annie et y épelle p-o-u-p-é. Annie guide les doigts d'Helen pour tracer le second e, puis met la poupée dans les bras de la fillette. Le visage d'Helen arbore un large sourire.

Ce premier succès remplit Annie de joie. Helen est capable d'apprendre! Mais il y a tant à faire. Elles se mettent donc à l'ouvrage dès le lendemain matin.

Annie donne du lait à Helen et épelle l-a-i-t en même temps. Elle épelle c-h-a-t pendant qu'Helen caresse l'animal qui ronronne. Et c'est ainsi que des mots nouveaux se succèdent, jour après jour.

Même si l'élève d'Annie semble très prometteuse, le problème de la discipline n'est pas encore réglé. Par moments, Helen est très gentille. Mais à d'autres moments, elle pique de terribles colères. Elle donne alors des coups de pied et des coups de poing, pousse les gens ou lance des objets, jusqu'à ce qu'elle obtienne ce qu'elle veut. Il faut qu'Annie y mette un terme. Elle sait que M. et Mme Keller ne le feront jamais. Elle leur demande donc de lui laisser l'entière autorité sur Helen, ce qu'ils acceptent.

Au déjeuner, le lendemain matin, Annie fait asseoir Helen sur sa chaise, à table. Elle ne laisse pas la fillette prendre de la nourriture dans les assiettes des autres. La première fois qu'Helen essaie de le faire, Annie lui tape sur la main. Helen pince Annie. Annie tape encore sur la main d'Helen. Helen trépigne de colère.

Annie oblige Helen à se rasseoir sur sa chaise, puis elle met une cuillère dans sa main et guide celle-ci

dans l'assiette d'Helen, remplie de nourriture. La fillette lance la cuillère par terre. Annie l'oblige à la ramasser.

Mme Keller est en pleurs et le visage de M. Keller exprime une grande douleur. Ils détestent voir leur fille souffrir ainsi.

— Ce n'est pas sa faute, dit Mme Keller. Elle ne sait pas ce qu'elle fait.

— Nous pouvons lui apprendre, répond Annie d'une voix douce.

Les Keller quittent alors la salle à manger, et Annie ferme la porte à clé derrière eux. Et là, le combat débute pour de bon. Annie est déterminée : Helen doit apprendre à s'asseoir sur sa chaise, à manger convenablement et à plier sa serviette après le repas.

Helen a fait le tour de la pièce, en tâtant toutes les chaises. Quand elle constate que ses parents sont partis, elle se glisse sous la table. Annie la fait sortir en la tirant et la rassoit sur sa chaise. Helen prend la nourriture avec ses doigts. Annie essuie les doigts d'Helen et lui donne une cuillère. La fillette essaie de la jeter, mais Annie ne la laisse pas faire. Helen s'obstine, mais Annie est plus forte qu'elle.

Helen finit par céder et mange avec une cuillère. Pourtant, le combat n'est pas encore terminé. Après avoir fini de manger, Helen jette sa serviette sur la table. Annie l'oblige à la reprendre, à la plier et à la poser près de son assiette. Un instant plus tard, Helen lance la serviette par terre. Annie oblige la fillette à se lever de sa chaise, à ramasser la serviette et à la plier de nouveau. Helen pleurniche, mais elle ne veut pas céder. Annie n'a pas l'intention de céder non plus. Finalement, la serviette repose sur la table, bien pliée. Et ce n'est qu'à ce moment-là qu'Annie ouvre la porte et laisse Helen sortir.

Cette nuit-là, Annie s'endort en pleurant. Elle n'aime pas être dure avec Helen. Elle éprouve beaucoup d'affection pour la fillette et veut être son amie. Mais il faut d'abord qu'Helen apprenne à lui faire confiance. Après, seulement, la véritable éducation pourra commencer.

Annie doit avoir une autorité complète sur Helen, si elle veut que la fillette ait un comportement convenable… et puisse apprendre quoi que ce soit. Elle dresse donc un plan. Au début, les Keller ne sont pas d'accord, mais au bout d'une semaine, ils acceptent de mettre le plan à l'essai. Helen et Annie s'installent donc dans un petit pavillon adjacent à la maison des Keller. Durant les deux semaines qui suivent, Helen et Annie passent tout leur temps ensemble.

Le bras de fer se poursuit. Mais chaque jour est un peu moins pénible que le précédent. Un beau matin, pour la première fois, Helen apporte son peigne à Annie. Le lendemain, elle laisse Annie la préparer pour aller se coucher, et la border. Et la fillette apprend de nouvelles choses : coudre un tablier pour sa poupée, faire du crochet, enfiler des perles, « dire » de nouveaux mots en se servant de l'alphabet manuel.

Annie est ravie. Enfin, Helen l'apprécie et lui fait confiance. Quand elles reviennent dans la maison principale, deux semaines plus tard, Helen est une enfant totalement différente.

Et pourtant, il manque quelque chose. Helen a appris à épeler les mots avec l'alphabet manuel, mais elle ne sait pas que ce sont des mots. Elle ne sait pas comment les utiliser, comme le font les autres personnes.

CHAPITRE 6
E-a-u!

Puis, un jour, Annie et Helen trouvent la clé qui va ouvrir à cette dernière la porte sur le monde! Cela se passe le 5 avril 1887.

Annie décrit cet instant de découverte dans une lettre écrite à une amie : « Nous sommes allées dehors et nous sommes approchées de la pompe à eau. J'ai demandé à Helen de placer sa main sous le tuyau pendant que j'actionnais la pompe. J'ai épelé e-a-u dans sa main libre... Le mot, associé si étroitement à la sensation de l'eau froide sur sa main, a semblé la réveiller. Elle a laissé tomber sa tasse et est restée clouée sur place. Son visage s'est illuminé. Elle a épelé

e-a-u plusieurs fois. »

Sans tarder, Helen se penche et touche le sol. Annie épelle s-o-l dans la main de la fillette. Helen est tout excitée et montre Annie du doigt. Annie épelle p-r-o-f-e-s-s-e-u-r. Helen a enfin compris. Et à partir de ce jour-là, elle appellera toujours Annie Sullivan Professeur.

Ensuite, Helen se montre du doigt. Annie épelle H-e-l-e-n K-e-l-l-e-r. Helen tremble de joie. Elle aussi a un nom !

Elle saisit la main d'Annie et toutes deux se précipitent dans la maison. Elles y retrouvent Mme Keller. Helen se blottit dans les bras de sa mère pendant qu'Annie épelle m-è-r-e dans la main de la fillette. Helen comprend et hoche la tête. Les yeux de Mme Keller s'emplissent de larmes de gratitude.

Ce jour-là, Helen veut tout faire pour assouvir sa soif de mots. Elle arpente toutes les pièces de la maison, touche des objets et apprend le mot correspondant à chacun d'eux.

Plusieurs années plus tard, Helen écrira : « C'est comme si j'étais revenue à la vie après avoir été morte... Des sensations délicieuses parcouraient mon corps et des impressions agréables et étranges, qui avaient été, jusque-là, enfermées dans mon cœur, se sont mises à chanter. »

Le lendemain matin, Helen se glisse hors de son lit au lever du soleil, prête à en apprendre encore davantage. Elle réveille Annie avec un câlin et un baiser, et la tire comme pour dire : « Allez, debout! »

Il faut un certain temps à Helen pour s'habiller ce matin-là, mais pas parce qu'elle refuse de le faire. C'est seulement qu'à mesure qu'elle enfile un vêtement, elle veut tout apprendre sur l'objet. Elle sait désormais qu'elle porte une robe et que celle-ci a des manches, une jupe, des boutons, des boutonnières, un col et

une ceinture.

Et ce n'est que le début. Les mots affluent dans le cerveau d'Helen. Elle touche les arbres, l'herbe et les pierres, et apprend leur nom. Elle prend un œuf au creux de ses mains et sent un poussin en éclore. Après quoi, les doigts d'Annie lui racontent le miracle de la vie que la fillette vient de ressentir.

Annie apprend à Helen à sauter à cloche-pied, à la corde et par-dessus un obstacle, en lui disant le mot correspondant à chaque action. Elles font la même chose avec les aliments, les noms des gens, les animaux, les fleurs, les meubles, bref, tout ce qui fait partie du monde qui les entoure.

CHAPITRE 7

Une soif de connaissances

Annie veut qu'Helen se sente libre et heureuse. La fillette et elle-même passent donc la majeure partie de la journée dehors, et les leçons se déroulent sous un grand arbre, dans le jardin. Helen apprend la géographie grâce à des cartes dessinées dans la terre mouillée. Elle y trace des montagnes et des vallées, des îles et des fleuves, et même des continents tout entiers. Elle apprend la forme de la terre en tenant une orange. Annie a de la difficulté à satisfaire le désir insatiable qu'Helen a d'apprendre « d'autres mots ».

Si Helen était capable de lire, se dit Annie, elle apprendrait beaucoup plus rapidement. Annie apprend donc à la fillette à lire en braille. Cette

méthode consiste à imprimer des mots sur du papier à l'aide de points en relief. Elle a été inventée par Louis Braille en 1829, pour permettre aux aveugles de lire au toucher.

Annie demande à Helen de toucher la lettre *a* en braille avec les doigts d'une main tandis qu'elle trace un *a* dans l'autre main de la fillette. Puis le *b*... puis le *c*. Helen maîtrise l'alphabet braille sur-le-champ. Annie lui apporte des livres écrits en braille. Helen les aime tellement qu'elle en garde toujours un dans son lit pendant la nuit.

Ensuite, Annie apprend à Helen à écrire en braille. Peu de temps après, Helen écrit des histoires, des notes à Professeur et des lettres aux enfants aveugles

de l'Institut Perkins.

M. et Mme Keller sont ravis des progrès de leur fille.

— Vous avez accompli un miracle, dit M. Keller à Annie.

— C'est Helen, le miracle, insiste Annie. Elle est capable d'apprendre n'importe quoi. Justement, en ce moment, nous apprenons l'écriture manuscrite. Vous pourrez bientôt lire des lettres qu'elle aura écrites elle-même.

Annie apprend à Helen à écrire en copiant des lettres en relief, imprimées sur un ensemble de cartes alphabétiques qu'elle a apportées de l'Institut Perkins. Elle se sert aussi d'un accessoire appelé écritoire. C'est une tablette munie de rainures. Lorsqu'on pose une feuille dessus, on peut sentir les rainures à travers le papier. Cet objet aide Helen à écrire les lettres sur une ligne droite. Helen se sert aussi de sa main gauche pour guider sa main droite sur le papier pendant qu'elle écrit. Annie apprend à Helen à écrire en lettres spéciales, plus carrées. L'écriture d'Helen est très nette, même si elle est incapable de voir ce qu'elle écrit.

CHAPITRE 8
À l'école

Helen veut apprendre, apprendre et apprendre encore. Annie fait de son mieux, mais elle se rend compte qu'Helen a besoin d'autre chose, qu'elle-même n'est pas en mesure de lui donner. À peu près à la même époque, Michael Anagnos, le directeur de l'Institut Perkins, invite Helen à visiter l'école. Helen veut absolument y aller, et Annie a hâte de retourner à Boston et de montrer à la fillette l'école qu'elle a elle-même fréquentée. Au printemps 1888, elles prennent donc le train pour Boston. Et là, à l'Institut Perkins, Helen fréquente, pour la première fois, une vraie école.

Pendant tous les cours, Annie s'assoit à côté

d'Helen et épelle les mots du professeur dans la main de la fillette. Helen étudie la géographie, la zoologie, le latin, l'allemand, l'arithmétique, l'anglais, le grec et le français. Elle n'est pas obligée d'étudier toutes ces matières, mais elle en a envie!

De huit heures du matin à six heures du soir, Helen assiste à des cours. Elle ne s'arrête que pour le dîner et pendant l'heure qu'elle passe à jouer dans le gymnase avec les autres enfants. C'est très fatigant pour Annie, qui ne la quitte jamais, mais Helen en profite pleinement.

Helen aime être à l'Institut Perkins. Pour la première fois de sa vie, elle est entourée d'enfants aveugles, comme elle. Elle communique avec eux au moyen de l'alphabet manuel – en épelant des mots dans leurs mains – et est ravie qu'ils la comprennent. Chez elle, seules quelques personnes ont appris l'alphabet et sont capables de la comprendre. Elle aime aussi jouer à toutes sortes de jeux avec ses nouveaux amis. Pour la première fois, elle ne se sent pas différente de ceux qui l'entourent.

L'Institut Perkins abrite un autre trésor pour Helen. L'école possède la plus grande collection, aux États-

Unis, de documents destinés aux aveugles. Helen adore les livres, mais elle a déjà lu tous les livres en braille qu'Annie a apportés en Alabama. Elle est donc enchantée de trouver une incroyable quantité de livres en braille dans la bibliothèque de l'école et passe des heures à les lire.

À l'âge de 10 ans, Helen lit l'histoire d'une petite Norvégienne sourde et aveugle qui a appris à prononcer des mots. Helen veut faire comme elle. Annie l'emmène donc à l'école Horace Mann pour les sourds, à Boston. Dans cet établissement, une professeure nommée Sarah Fuller se met à travailler avec Helen. Au début, Helen place sa main sur la bouche de Mlle Fuller. Elle peut ainsi sentir comment les mots se forment, puis elle essaie de faire la même chose avec sa bouche.

Helen ne peut pas entendre sa propre voix. Elle ne peut donc pas savoir si elle prononce les mots correctement. Annie travaille aussi avec elle, jour et nuit. Elles sont récompensées de leurs efforts le jour où Helen dit : « Il fait chaud » d'une voix claire. Quand Annie et Helen retournent à Tuscumbia pour les vacances d'été, la famille Keller ne sait pas que la

petite fille lui a préparé une surprise.

Les Keller attendent Helen et Annie à la gare. Helen, plus jolie que jamais, descend du train. Puis, très fièrement, elle dit : « Maman, je ne suis plus muette. Mildred, je t'aime. Papa, je suis contente d'être à la maison. »

C'est un moment que les Keller n'oublieront jamais. Le langage d'Helen sera toujours difficile à comprendre, mais le fait d'entendre la voix de leur fille dépasse tout ce que les Keller ont pu imaginer.

Après des vacances merveilleuses, Helen et Annie retournent à l'école, à Boston. Et c'est ainsi qu'elles passent les années qui suivent, jusqu'à l'adolescence d'Helen.

CHAPITRE 9
Un nouveau rêve

À l'âge de 10 ans, Helen est déjà célèbre dans tout le pays. Son histoire exceptionnelle a été publiée dans des magazines et des journaux, et on l'appelle « l'enfant miracle ». Le succès d'Helen dérange parfois ses parents, car ils doivent chasser les journalistes qui se présentent chez eux à l'improviste. En revanche, Helen et Annie sont heureuses de découvrir que la célébrité de la jeune fille peut avoir un effet positif.

En 1890, Helen entend parler d'un garçonnet de cinq ans, Tommy Stringer. Il est aveugle et sourd, comme elle. Après la mort de ses parents, il a été placé dans une institution à Philadelphie, en Pennsylvanie. Helen sait que Tommy peut recevoir une éducation et avoir un avenir brillant si on lui donne la chance d'aller à l'Institut Perkins. Mais cet établissement coûte très cher. Helen décide donc d'organiser une collecte de fonds avec l'aide d'Annie. La jeune fille écrit à ses amis et aux journaux pour leur demander de faire un don afin d'aider Tommy. La collecte de fonds est un énorme succès et permet de recueillir 1600 $, ce qui représente une somme importante à cette époque-là, suffisante pour envoyer Tommy à l'Institut Perkins. Annie est fière de la réussite d'Helen et de son désir d'aider les autres. « Je sais qu'elle est destinée à faire beaucoup de bien dans le monde », écrit Annie.

Un jour, Helen annonce à Annie qu'elle vise un nouvel objectif : elle veut aller au collège. Certains de ses amis pensent que le collège sera trop dur pour elle et que son projet est voué à l'échec. Mais Helen refuse d'abandonner son rêve.

Elle étudie inlassablement en vue des examens d'admission. Comme elle ne peut écrire vite à la main, elle apprend à se servir d'une machine à écrire. Elle peut ainsi taper ses réponses durant l'examen préliminaire de neuf heures, en plus de l'examen final qui dure une journée entière.

Helen réussit brillamment et reçoit une mention en anglais et en allemand ainsi qu'un crédit en latin avancé. Ses amis sont bien obligés de croire en son rêve.

Helen entre au collège Radcliffe à l'automne 1900. C'est une expérience pleine de défis. Pour la première fois de sa vie, la jeune femme fréquente une école où les étudiants entendent, voient et parlent. Aucune mesure spéciale n'est prise pour faciliter ses études. Au début, ses manuels scolaires ne sont pas disponibles en braille. C'est Annie qui doit les lire tous et en épeler chaque mot dans la main d'Helen. Annie assiste d'ailleurs à tous les cours d'Helen et épelle, dans la main de la jeune femme, tout ce que disent les professeurs. Plus tard, Helen réussit à obtenir des manuels en braille, ce qui facilite un peu la vie des deux femmes.

Helen doit aussi faire face à la solitude et souffre de ne pas se sentir acceptée au collège. Certains des professeurs et administrateurs n'en veulent pas dans leur établissement. Un professeur seulement prend la peine d'apprendre l'alphabet manuel pour être capable de communiquer directement avec elle.

De plus, Helen a peu d'amies, car les autres filles ne savent pas comment lui parler. Certaines étudiantes appréhendent de sympathiser avec elle parce qu'elle est célèbre. Malgré tout, Helen continue à travailler et garde sa bonne humeur. Elle est déterminée à franchir tout obstacle qu'elle rencontrera sur sa route.

Durant les quatre années qu'elle passe au collège Radcliffe, Helen découvre quel sera son travail dans la vie : aider les autres. Elle racontera son histoire au monde entier. Elle montrera à tout le monde que les personnes sourdes et aveugles sont capables d'apprendre. Helen veut apporter de l'espoir aux handicapés. Sa vie est la preuve que quiconque mérite qu'on lui donne la chance d'apprendre.

CHAPITRE 10
Une vie incroyable

Durant les années qui ont suivi, Helen a rédigé de nombreux ouvrages et articles de magazine. Son livre le plus connu, intitulé *Histoire de ma vie*, a été publié en 1903. Cette biographie a, par la suite, été traduite en 50 langues et est devenue un best-seller international.

Helen a voyagé et donné des conférences dans le monde entier. Annie l'a suivie partout, jusqu'à sa mort, en 1936. C'est Polly Thompson, une jeune femme écossaise, qui l'a remplacée auprès d'Helen. Ensemble, les deux femmes ont poursuivi l'œuvre d'Helen.

Au cours de la Seconde Guerre mondiale, Helen

a rendu visite à des soldats devenus aveugles au combat. Elle leur a redonné courage et espoir. Après la guerre, elle a travaillé auprès d'enfants sourds et aveugles. « Je ne peux pas me permettre de vieillir alors qu'il reste tant de travail à faire, disait-elle, et tellement d'enfants à aider. »

Helen a reçu de nombreuses récompenses pour son œuvre, dont la Médaille de la liberté remise par le président des États-Unis. Jusqu'à sa mort, survenue le 1er juin 1968, cette femme exceptionnelle a continué d'offrir amour, espoir et inspiration à des milliers d'êtres humains.

INDEX